LA STATISTIQUE

ET

L'INSPECTION DES VIANDES

DE BOUCHERIE

PAR

M. BAILLET, vétérinaire

INSPECTEUR DE LA BOUCHERIE A BORDEAUX

Dans un Mémoire que j'ai communiqué au Congrès vétérinaire tenu à Paris en 1878, j'essayais d'établir les bases sur lesquelles, à mon avis, devait reposer l'institution d'un service d'inspection des viandes dans une ville jouissant d'une certaine importance, et j'émettais le désir de voir, à l'avenir, ce service se confondre, dans les villes de moindre importance et dans les communes rurales, avec le service sanitaire dont la réorganisation occupait alors le monde vétérinaire tout entier.

Mes conclusions, admises par le Congrès, ont reçu depuis, sur ce point du moins, la consécration officielle, et l'on peut dire aujourd'hui que l'institution des services d'inspection des viandes a pris une extension considérable toute à l'avantage de la profession à laquelle je m'honore d'appartenir.

Bien que, depuis 1878, l'inspection des viandes, en tant qu'institution scientifique, ait été appelée à bénéficier des progrès de la science et de l'étude, elle n'en a pas moins conservé pratiquement son principal caractère que je résumerai en disant *qu'elle doit être la sauve-*

garde des consommateurs de viande, tout en s'intéressant hautement à tout ce qui se rattache à la production et à l'amélioration du bétail de boucherie.

Cette vérité, quoiqu'incontestable, m'a paru cependant digne d'être appuyée par de nouvelles preuves réunies dans un travail de statistique dont chacun, je l'espère, appréciera toute l'importance.

Pour atteindre ce but, je diviserai ce travail en deux parties, l'une dans laquelle j'envisagerai la question au point de vue de l'hygiène, et l'autre au point de vue des intérêts du producteur et du consommateur de viande de boucherie. Puissent l'État, les agriculteurs et les consommateurs, aussi bien que mes confrères, trouver dans mon Mémoire des renseignements utiles et lui réserver, par cela même, un bon accueil.

1° *La statistique au point de vue de l'hygiène.*

Envisageant la question exclusivement dans les limites dévolues à mes attributions à Bordeaux, je dois tout d'abord remonter à quelques années en arrière et voir quelles ont été pendant ce temps les ressources en viandes de boucherie offertes à la population bordelaise.

Le tableau suivant va nous fournir, à ce sujet, des chiffres importants dont nous garantissons l'exactitude.

État de la consommation en viandes de la ville de Bordeaux de 1876 à 1883.

ANNÉES	QUANTITÉS D'ANIMAUX abattus	QUANTITÉS de VIANDES provenant de l'abatage	VIANDES FORAINES entrées en ville	TOTAUX des VIANDES CONSOMMÉES
1876	241.033	13.985.899 kilog.	640.406 kilog.	14.626.305 kilog.
1877	243.861	13.979.861 —	582.581 —	14.562.442 —
1878	238.298	15.175.594 —	590.408 —	15.766.002 —
1879	237.482	14.362.489 —	724.039 —	15.086.528 —
1880	247.654	15.068.055 —	851.660 —	15.919.715 —
1881	245.733	14.252.808 —	847.563 —	15.100.311 —
1882	253.397	15.964.034 —	909.144 —	16.873.178 —
1883	247.469	15.820.454 —	998.769 —	16.819.223 —

Il ressort de ce premier tableau :

1° Que la consommation en viande de la ville de Bordeaux durant l'année 1883, comparée à ce qu'elle était en 1876, a augmenté de 2,192,918 kilogrammes ;

2° Que la consommation par habitant, qui était, en 1876, de 67 kilogrammes, 98 grammes, a été, en 1883, de 76 kilogrammes, soit une augmentation de près de 9 kilogrammes.

Un enseignement découle encore des chiffres qui précèdent, c'est que, tout en sauvegardant les intérêts hygiéniques de la population, le service de l'inspection des viandes n'a nui en aucune façon, par ses rigueurs, à l'apport toujours croissant des animaux nécessaires à la consommation de la ville de Bordeaux.

A l'appui de cette dernière assertion, nous pouvons encore donner le tableau comparatif suivant indiquant les quantités d'animaux des différentes espèces abattues pendant les années 1876 et 1883 :

	1876	1883	DIFFÉRENCES	
Bœufs.....................	13.880	16.249	Augmentation ..	2.369
Vaches...................	6.985	4.913	Diminution.....	2.072
Veaux...................	24.361	29.892	Augmentation ..	5.531
Moutons...............	114.378	114.845	Augmentation ..	467
Agneaux et Chevreaux..	52.592	45.642	Diminution.....	6.950
Porcs	28.837	35.928	Augmentation ..	7.091

L'examen attentif de ce second tableau conduit encore aux déductions suivantes fort intéressantes au point de vue de l'hygiène alimentaire :

1° La consommation accorde une préférence à la viande de bœuf sur la viande de vache, de même qu'elle préfère la viande de mouton à celle de l'agneau ;

2° La consommation de la viande de porc a augmenté d'une façon très appréciable, conséquence toute naturelle du prix relativement bas auquel s'est vendu le porc depuis plusieurs années et par cela même de la facilité offerte à la classe pauvre de trouver là un aliment en rapport avec l'exiguité de ses ressources.

2.

En se plaçant à un point de vue plus général, on voit dans le fait de l'augmentation progressive de l'abatage des animaux de boucherie à Bordeaux, d'une part, l'expression d'un progrès immense au point de vue de l'hygiène, et, d'autre part, la consécration d'une vérité malheureusement trop réelle, à savoir l'émigration sans cesse croissante des habitants de la campagne vers la grande ville.

Sur ce second point, nous n'avons rien à ajouter ; mais nous avons tout lieu de nous féliciter de l'accroissement de la consommation de la viande, car c'est à la viande que l'homme doit la puissance de travail considérable qui le distingue ; c'est par la viande que se réparent les pertes subies journellement par l'organisme ; c'est la viande qui, outre le sang qu'elle contient — ce sang que Bordeu appelait la *chair coulante*, — renferme encore la graisse ou l'élément producteur de la chaleur, et les différents sels entrant dans la composition des tissus vivants.

Arrière donc ces idées de végétarisme absolu qui ne tendraient à rien moins qu'à nous rapprocher des animaux herbivores et à faire de nous un peuple comme les Irlandais, à l'asservissement desquels la pomme de terre a plus concouru que la puissance anglaise proprement dite.

Les animaux de boucherie abattus à Bordeaux sont généralement de bonne qualité marchande ; rarement ils atteignent des degrés d'engraissement extraordinaires ; plus souvent, au contraire, ils réunissent les conditions de finesse et d'embonpoint que recherche la consommation.

Nouvel exemple du point de vue essentiellement pratique auquel se place surtout la boucherie de Bordeaux et de nature à encourager le producteur en lui enseignant que la production la meilleure est encore celle qui s'obtient le plus *économiquement possible*.

Les principales races alimentant notre approvisionnement sont :

Pour l'espèce Bovine . . . .
- Race Garonnaise.
- — Limousine-Périgourdine.
- — Limousine engraissée en Saintonge.
- — Landaise et Basque.
- — Salers.
- — Bazadaise pure ou croisée garonnaise.
- — Médocaine.
- — Bordelaise ou Quouine.

<table>
<tr><td>Pour l'espèce Ovine........</td><td>
Race Poitevine.
—   Périgourdine.
—   Landaise.
—   Champanaise.
—   Béarnaise.
—   Gasconne.
</td></tr>
<tr><td>Pour l'espèce Porcine.....</td><td>
Race Limousine pure ou croisée.
—   Périgourdine pure ou croisée.
—   Landaise de Dax.
—   Saintongeaise.
—   Poitevine.
</td></tr>
</table>

Le rendement moyen des animaux de boucherie a sensiblement augmenté en même temps que s'accentuait davantage leur précocité d'engraissement. C'est ainsi que le *bœuf garonnais*, dont le rendement ne dépassait pas 50 pour 100 il y dix ou douze ans, atteint aujourd'hui jusqu'à 55 et même, exceptionnellement il est vrai, 60 pour 100.

De même, ce bœuf, qui ne venait pas sur le marché avant 8, 10 ans et plus, se vend couramment aujourd'hui à l'âge de 4 à 6 ans, et j'ajoute que pour le pays, c'est là le plus bel exemple de *précocité* que l'on puisse citer. D'une manière générale, engraisser pour la boucherie dans le Sud-Ouest des bœufs de 3 ans et au-dessous, serait une folie préjudiciable à la fois au producteur et au consommateur. Du reste, la boucherie qui, en pareille occasion, me paraît avoir la compétence que donnent à la fois le dépeçage des animaux et l'obligation de compter avec leur prix d'achat et leur rendement, se refuse complètement sur notre marché à acheter des bœufs au-dessous de 4 ans. Tant il est vrai que l'acception à accorder à l'expression : *Précocité*, ne saurait être partout la même, et que si réellement un pays de production et d'élevage, comme la Garonne, le Bazadais, le Limousin, se refuse à livrer des animaux très jeunes à la boucherie, c'est qu'il obéit à un enseignement fourni par l'expérience et à des conditions agricoles qui ne lui permettent pas de faire différemment.

Et quant au consommateur on peut dire avec Baudement qu'il trouve son compte là où le producteur trouve son profit.

A l'appui des assertions qui précèdent, je puis citer quelques exemples dont la valeur ne saurait être mise en doute, car ils sont puisés dans le compte-rendu fourni par la Commission de rendement instituée après le Concours général de boucherie de Paris, année 1882.

Comparant le rendement d'un bœuf *durham-charolais* de 32 mois à celui d'un bœuf *bazadais* de 4 ans et demi, de poids à peu près égal, on remarque : 1° que la quantité de viande de première catégorie, c'est-à-dire la plus recherchée, l'emporte chez le bazadais de plus de cent kilogrammes sur celle fournie par le croisé-charolais ; 2° que la quantité de suif enlevée de la viande, c'est-à-dire *vendue par le boucher à raison de 30 ou 35 centimes le demi-kilogramme*, a été plus de six fois plus grande chez le jeune bœuf que chez le bœuf adulte ; 3° que la proportion d'eau contenue dans la viande du croisé-durham a été de dix grammes pour cent plus forte que dans la viande du bazadais, toutes conditions, en un mot, qui me paraissent être à l'avantage de ce dernier.

Un autre exemple puisé dans le même opuscule prouve encore que, même au point de vue de l'hygiène et des intérêts du consommateur, l'extrême précocité n'est pas toujours un mérite à rechercher ; ainsi, une vache limousine de trois ans et deux mois a fourni de la viande contenant 69 gr. 335 pour cent d'eau, alors qu'une vache charolaise de 4 ans a donné une viande ne recélant pas plus de 66 gr. 505 pour cent du même liquide.

Je pourrais multiplier ces exemples ; mais ce qu'il me paraissait utile de dire simplement dans un travail de ce genre, c'est que *la précocité, dont je suis un fervent adepte*, est essentiellement subordonnée aux conditions extérieures dans lesquelles est appelé à vivre l'animal depuis sa naissance jusqu'au jour où il sera livré à la boucherie, et que si, pour certaines races, elle a pour effet de favoriser le développement précoce du tissu adipeux, il est encore plus vrai de dire avec Baudement que entre deux animaux, celui qui accuse le rapport le plus élevé entre poids net et le poids vif se placera toujours avant celui qui présente le rapport le plus faible, *quand même celui-ci donnerait-il une plus grande quantité de suif.*

Je n'ignore pas que l'on reproche à nos bœufs du Sud-Ouest de pécher par l'excès d'ossature, l'épaisseur de la peau, le volume des cornes ; mais là encore il y a progrès. Que l'on se reporte seulement à dix ou douze ans en arrière et l'on verra si à cette époque on rencontrait souvent des bœufs de concours Bazadais, Landais ou Limousins, dont la proportion des quatre quartiers, sur le poids vif, atteint jusqu'à 67 et 71 pour cent, et dont la proportion du cuir au poids vif ne dépassât pas 6 à 7 pour cent. Quant à la proportion d'os, elle atteint encore trop souvent, il est vrai, 20 pour cent; mais il faut remarquer que cette proportion est une conséquence de la destination que reçoivent ces animaux, le travail; et qu'en somme il s'en trouve encore beaucoup parmi eux, ainsi que je m'en suis assuré, dont le squelette ne dépasse pas 15 et 16 pour cent, véritable amélioration qu'au point de vue de la statistique on ne doit pas laisser de côté.

Cela dit, je vais aborder la question de statistique dans un autre ordre d'idées; je vais présenter sous forme de tableaux les quantités d'animaux retirés de la consommation à l'abattoir par le service de l'inspection des viandes et les motifs pour lesquels ces saisies ont été opérées, pendant la période des *huit années* qui jusqu'ici ont servi de base à nos appréciations. J'insiste sur ce fait que les dénominations données aux maladies se rapportent essentiellement à des sujets tués à l'abattoir; car, à moins de circonstances exceptionnelles, il me semblerait imprudent de désigner par des noms techniques les altérations pathologiques plus ou moins incomplètes que présentent les animaux tués au dehors et conduits en ville par quartiers ou par morceaux détaillés.

STATISTIQUE DES MOTIFS AYANT ENTRAINÉ LA SAISIE D'ANIMAUX DE BOUCHERIE
DE L'ANNÉE 1876 A L'ANNÉE 1883.

A. — Maladies de nature inflammatoire.
Bœufs et Vaches.

MALADIES	1876	1877	1878	1879	1880	1881	1882	1883
Péritonite	3	4	3	1	»	1	»	»
Cystite	2	2	1	»	»	2	2	1
Néphrite	»	1	»	»	1	»	»	»
Péricardite	»	»	»	»	»	»	1	3
Congestion	2	1	1	1	»	3	»	2
Fièvres	»	»	»	»	»	»	1	»

B. — Maladies contagieuses et infectieuses.

MALADIES	1876	1877	1878	1879	1880	1881	1882	1883
Tuberculose.	22	24	20	14	13	8	14	8
Péripneumonie	1	2	»	4	»	3	»	»
Affections cancéreuses	»	1	»	2	1	1	3	»
Gangrène	1	1	»	4	»	»	»	»
Infection purulente	»	2	1	2	1	»	1	»

C. — Vices de sécrétion.

MALADIES	1876	1877	1878	1879	1880	1881	1882	1883
Urémie	»	»	»	1	»	»	»	»
Ascite	»	»	»	»	1	»	»	»
Hématurie	»	»	»	»	1	»	»	»
Anémie	»	»	2	»	»	»	1	»
Hydroémie générale	»	»	»	»	»	»	1	»
Leucocythose	»	»	»	4	1	4	»	»

D. — Causes diverses.

MALADIES	1876	1877	1878	1879	1880	1881	1882	1883
Asphyxie.	4	6	3	»	»	2	»	2
Part laborieux	»	1	11	»	»	»	»	»
Déchirure stomacale	»	»	»	»	1	»	»	»
Maigreur extrême	18	5	6	5	16	2	2	4
Mort accidentelle	3	6	5	4	5	12	3	10

Observations. — L'examen des tableaux qui précèdent, démontre :

1° Que la seule maladie contagieuse que nous ayons eu à observer, pour laquelle il y ait lieu, au nom de la loi du 21 juillet 1881, de prendre des mesures particulières, la *péripneumonie*, n'a offert que quelques cas rares pendant les années 1876, 1877, 1879 et 1881, et que depuis lors il n'en a plus été observé sur le marché ni à l'abattoir. Chaque fois qu'un cas de ce genre a été constaté, l'autorité en a été immédiatement informée afin de la mettre en mesure de prendre les précautions nécessitées par la circonstance.

2° Que la maladie qui s'observe le plus souvent, la *tuberculose*, a subi une diminution sensible dans les quatre à cinq dernières années. Je dois cependant faire remarquer que les cas de tuberculose dont il est ici question ne sont que ceux ayant acquis un développement assez prononcé pour que l'amaigrissement consécutif à un envahissement général de l'organisme par l'élément tuberculeux en ait été la consé-quence. Cette façon de procéder *au point de vue de l'inspection des viandes*, bien que ne réunissant pas l'adhésion de tous les savants, me paraît être la seule possible et la seule acceptable. Il faut songer, en effet, que dans quelques cas les lésions tuberculeuses peuvent se trouver associées à un état d'engraissement des plus remarquables, chez des sujets dont l'état extérieur dénote la plus belle santé, et qu'en pareille circonstance il serait insensé de vouloir opérer la saisie totale de pareils animaux.

J'ajoute même que je crois à une transition pathologique possible d'un état de graisse très avancé à un état tuberculeux des poumons et des plèvres avant que la santé des animaux en éprouve la moindre altération; c'est du reste là un point d'anatomie pathologique dont j'aurai à m'occuper plus tard.

Mais le fait sur lequel j'insiste à dessein, est la diminution des cas de tuberculose observés chez les animaux de boucherie, diminution que je ne puis attribuer qu'à la sévérité déployée dans les premières années de mon ministère; cette sévérité avait alors d'autant plus sa raison d'être que les sujets amaigris et tuberculeux étaient plus particulièrement réservés pour les fournitures des viandes de troupes. C'est là, incontestablement, un résultat sur lequel on ne saurait trop appuyer, car il démontre à lui seul l'utilité d'un service d'inspection des viandes au point de vue de l'hygiène.

3° Que les cas de *maigreur extrême* ont également beaucoup diminué au point de croire que l'abatage des sujets maigres devient de plus en plus l'apanage des petites localités ou des communes rurales dans lesquelles l'inspection manque ou ne peut se faire que d'une façon très imparfaite.

4° Que les cas de saisies pour cause de *mort accidentelle*, c'est-à-dire survenue avant la *saignée*, soit dans les parcours en chemin de fer, soit par apoplexie sanguine ou coup de chaleur, soit par étranglement dans les étables, etc., entrent toujours pour une certaine part dans les pertes imposées par le service d'inspection aux expéditeurs de bestiaux. Nous verrons du reste plus loin que les petites espèces, telles que le mouton et le porc, sont particulièrement sujettes à ces sortes d'accidents.

Quoique ce travail s'arrête à la fin de l'année 1883 et doive forcément être suivi dans l'avenir (si Dieu me prête vie!) d'un Mémoire semblable embrassant une période d'années égale à celle dont il est fait mention aujourd'hui, je crois pouvoir, en y ajoutant le total des sujets saisis en 1884 et 1885, avancer dès maintenant un fait qui, au point de vue des résultats que peut obtenir un service régulier d'inspection des viandes, ne manque pas d'intérêt : c'est que plus un service de ce genre fonctionne convenablement et plus il doit avoir pour conséquence d'amener une diminution dans les quantités d'animaux retirés annuellement de la consommation, conséquence qui, à l'inverse de l'opinion peu favorable que l'on pourrait avoir de l'inspection, est tout à fait à l'avantage des producteurs et des consommateurs.

C'est ainsi que les quantités d'animaux de l'espèce bovine retirés de la consommation de 1876 à 1885, ont diminué successivement dans les proportions suivantes :

ANNÉES	QUANTITÉS SAISIES	ANNÉES	QUANTITÉS SAISIES
1876	56	1881	38
1877	56	1882	29
1878	55	1883	30
1879	42	1884	21
1880	44	1885	17

Ainsi, la quantité de bœufs et vaches saisis *à l'abattoir*, en 1885, représente un peu moins du tiers de celle retirée de la consommation neuf ans auparavant. Il demeure bien entendu que, pendant les dix années dont il s'agit, nous n'avons eu à observer à Bordeaux ou dans les environs, aucune maladie épizootique, car il est évident qu'une manifestation de ce genre serait de nature à modifier les termes du principe que j'ai cherché à démontrer.

Que si maintenant, envisageant les causes principales des saisies effectuées, nous tenons à savoir la proportion relative, eu égard *au sexe*, nous obtenons les chiffres suivants pour les huit années qui servent de base à notre travail :

	BŒUFS	VACHES
Tuberculose	13	110
Péripneumonie	5	5
Péritonite	2	10
Cytiste calculeuse	10	»
Infection purulente	1	6
Affections cancéreuses	4	4
Mort accidentelle	16	32
Maigreur extrême	14	44

Les chiffres qui précèdent autorisent à déduire quelques conclusions assez importantes. La première, c'est qu'à part la *cystite calculeuse*, qui est spéciale au bœuf, les vaches sont en général plus sujettes que les bœufs aux maladies susceptibles de provoquer la saisie et la proportion en faveur des vaches est d'autant plus sensible que la quantité annuellement abattue à Bordeaux, représente en moyenne le quart de la quantité de bœufs sacrifiés dans le même temps.

En second lieu, une vérité déjà reconnue trouve ici une nouvelle confirmation : la *tuberculose* est beaucoup plus commune à rencontrer chez les vaches que chez les bœufs. On peut même ajouter que chez la vache, cette maladie revêt le plus ordinairement un développement beaucoup plus grand et atteint aussi plus facilement son maximum d'intensité que chez le bœuf. L'expérience démontre enfin que la tuberculose se rencontre presque exclusivement sur les vaches âgées, épuisées par de nombreux vêlages et, conséquemment, par une longue et abondante production laitière.

Un troisième point à signaler a trait à la *péritonite* qui est également plus fréquente chez la vache que chez le bœuf, ce qui s'explique par les conséquences que peuvent entraîner avec elles la gestation ou des mise-bas plus ou moins laborieuses. C'est encore à ces dernières causes qu'il faut assurément rattacher la proportion relativement plus grande de complications *purulentes* chez la vache que chez le bœuf.

Quant aux *affections cancéreuses*, on les rencontre aussi bien chez le bœuf que chez la vache; chez cette dernière ce sont surtout les organes génito-urinaires internes qui sont le siège des altérations de ce genre ; sur le bœuf le sarcocèle est la forme la plus commune.

Il me paraît inutile d'insister longuement sur les motifs qui engendrent plus souvent la *maigreur extrême* chez la vache que chez le bœuf; ils sont ordinairement de même nature que ceux auxquels peut être rattachée la tuberculose avec laquelle, du reste, la maigreur extrême est souvent associée, quand elle ne coïncide pas avec un état leucocythémique ganglionnaire très accentué. La misère physiologique, la présence de douleurs rhumatismales sont les causes les plus ordinaires de l'amaigrissement général du bœuf.

La quantité plus grande des cas de *mort accidentelle* chez la vache peut être attribuée aux conséquences de l'indigestion beaucoup plus facile à contracter et beaucoup plus grave, au printemps surtout, durant la période de la gestation. Peut-être y a-t-il lieu de dire aussi que si les cas de mort en wagon sont plus communs chez la vache que chez le bœuf, c'est que, dans certains pays au moins, on accumule davantage les vaches dans les wagons et l'on veille moins sur elles pendant le transport, qu'on ne le fait pour les bœufs dont la valeur marchande est généralement plus grande.

Un dernier point resterait à traiter, ce serait de savoir si parmi les races alimentant le marché de Bordeaux, il en est qui soient plus prédisposées que d'autres à contracter des maladies susceptibles de les éloigner de la consommation.

J'avoue qu'il m'est fort difficile de me prononcer catégoriquement sur ce dernier point. Mes observations m'autorisent seulement à dire que les vaches de la race bordelaise ou *race quouine* sont celles sur lesquelles on constate surtout la présence de la tuberculose. On peut également avancer que les bœufs de race landaise, appartenant à la variété *basque*, sont les plus fréquemment atteints par cette même affection, avec cette observation, toutefois, que chez eux la tuberculose s'associe le plus ordinairement à un état de graisse très avancé.

Je passe maintenant à l'exposé des motifs ayant entraîné la saisie des veaux tués à l'abattoir de Bordeaux pendant la période de 1876 à 1883.

Statistique des motifs ayant autorisé la saisie des VEAUX de boucherie de 1876 à 1883.

MOTIFS DE SAISIE	1876	1877	1878	1879	1880	1881	1882	1883
Tuberculose	3	»	2	1	1	»	»	»
Apoplexie	»	»	»	7	6	7	»	4
Coliques d'eau froide	2	3	1	1	»	2	»	3
Ictère	»	»	»	»	»	1	»	»
Affections gangréneuses	»	1	»	»	»	»	»	»
Scrofulose	»	1	»	»	»	»	»	»
Animaux trop jeunes	2	1	6	»	6	»	10	18
Maigreur extrême	9	»	»	»	1	»	1	»
Mort accidentelle	1	1	»	3	3	6	27	10

Observations. — Au point de vue de l'hygiène, ce tableau présente comme particularités :

1° Le retrait de la consommation de plusieurs veaux atteints de *tuberculose*, ce qui démontre que cette affection, quoique rare chez les jeunes animaux de l'espèce bovine, peut cependant s'y rencontrer ;

2° La saisie d'un certain nombre de veaux morts de *coliques* d'eau froide, c'est-à-dire ayant succombé parce qu'après leur arrivée au marché ou à l'abattoir, on a laissé à leur disposition, surtout pendant l'été, des timbres remplis d'eau dont l'absorption en excès provoque souvent une gastro-entérite mortelle ;

3° L'habitude, trop souvent contractée par les éleveurs ou marchands, de vendre pour la consommation des veaux trop jeunes, dont la viande peut être préjudiciable aux consommateurs, particulièrement pendant la saison des grandes chaleurs;

4° La multiplicité des cas d'apoplexie survenant surtout pendant les parcours en chemin de fer;

5° Quelques cas de *maigreur extrême* associée généralement à un état cachectique, scrofuleux, avec ou sans déformation de la colonne vertébrale, rendant la viande à la fois insipide et répugnante.

Statistique des motifs ayant autorisé la saisie des MOUTONS de 1876 à 1883.

MOTIFS DE SAISIE	1876	1877	1878	1879	1880	1881	1882	1883
Cachexie aqueuse............	39	25	19	47	44	12	28	19
Asphyxie....................	8	»	»	»	»	»	8	35
Coup de sang................	»	»	»	»	»	»	2	»
Coliques....................	1	»	1	»	2	»	3	2
Pneumonie gangréneuse.......	»	»	»	»	1	»	»	»
Maigreur extrême............	24	12	25	42	51	33	51	46
Mort accidentelle	18	10	10	28	35	15	22	21

Observations. — 1° Un premier fait se dégage de ce tableau, c'est qu'il n'est jamais conduit à l'abattoir de Bordeaux, pour être livrés à la boucherie, de moutons atteints d'affection charbonneuse. Ce n'est pas à dire que le *sang de rate* ait toujours été inconnu chez les éleveurs de la Gironde, et pour ma part, j'en ai vu plusieurs cas dans les marais du Médoc; mais jusqu'ici ces éleveurs se sont prudemment abstenus d'envoyer sur notre marché des sujets charbonneux, ce dont il y a lieu de leur savoir gré à tous les points de vue possibles;

2° Le second point à signaler est la fréquence de la *cachexie aqueuse* sur les moutons, notamment pendant l'hiver et surtout chez les sujets de la race dite *béarnaise*. — Une maladie non moins fréquente que la cachexie ou distomatose est la *phtisie vermineuse* due à la présence au sein des poumons du *strongylus micrurus*. (D'après M. Baillet, le strongle dont il s'agit serait le *strongylus rufescens*.) Mais il faut reconnaître que cette affection, essentiellement localisée dans le poumon, se rencontre même chez des animaux de première qualité, aussi ne saurait-elle avoir d'importance au point de vue de la consommation de la viande du mouton;

3° Les cas de *mort accidentelle* sont très fréquents chez les moutons arrivant par chemin de fer. Cela tient évidemment à l'entassement exagéré imposé trop souvent à ces animaux dans les parcours par voie ferrée;

4° Je signalerai encore quelques cas de mort naturelle à la suite de *coliques* et qui sont dus la plupart du temps à la grande quantité d'eau froide que ces animaux absorbent lorsqu'ils arrivent du marché tout haletants soit par suite de la température élevée, soit par suite de la brutalité avec laquelle hommes et chiens les conduisent à l'abattoir;

5° Enfin la *maigreur* des moutons est assez souvent concomitante avec la cachexie ou avec un état leucocythémique s'accusant par la présence de nombreux engorgements des ganglions sous-lombaires et une consistance molle et infiltrée des lambeaux de graisse qui tapissent l'intérieur du bassin.

Statistique des principaux motifs ayant autorisé la saisie des PORCS de 1876 à 1883.

MOTIFS DE SAISIE	1876	1877	1878	1879	1880	1881	1882	1883
Ladrerie	418	334	431	419	354	202	318	68
Rouget	45	52	30	31	15	13	25	64
Mort accidentelle	2	0	7	13	26	65	12	51

Observations. — Le tableau qui précéde démontre que la quantité de porcs *ladres* conduits sur le marché de Bordeaux est encore assez considérable; toutefois l'année 1883 fournit un chiffre relativement bien inférieur aux années précédentes et je puis même ajouter que l'année 1884 fournit un chiffre encore moindre que 1883. Au point de vue de l'hygiène il y aurait lieu de se féliciter de cette diminution des porcs ladres si l'on n'avait cette arrière-pensée que, quelle que soit la surveillance exercée, un certain nombre de porcs ladres vivants échappent à la saisie par la connivence tacite établie entre les vendeurs et les langueyeurs.

Quant au *Rouget*, il se montre surtout à la saison des pluies, ce qui me fait insister sur le principe que j'ai déjà émis depuis longtemps, à savoir que l'humidité joue un grand rôle dans la production et la contagion de cette maladie. Je dois faire remarquer que les chiffres énonçant les saisies des porcs atteints de rouget sont loin de représenter les quantités totales d'animaux sur lesquels nous observons cette maladie chaque année, car on sait que tout animal atteint, *saigné convenablement*, peut être livré à la consommation.

Une dernière remarque à propos du rouget. On remarquera que, contrairement à la ladrerie, le mal rouge n'a pas suivi de 1876 à 1883, une marche décroissante; mais je puis avancer aujourd'hui que depuis 1883, époque où M. Pasteur a fait connaître sa méthode de vaccination contre cette maladie, il s'est produit une diminution sensible des cas observés à l'abattoir de Bordeaux.

Statistique des quantités de VEAUX MORTS-NÉS retirés de la consommation de 1876 à 1883.

1876	1877	1878	1879	1880	1881	1882	1883
150	356	159	218	204	120	111	90

Tout en reconnaissant l'influence heureuse de l'état de gestation sur l'engraissement des vaches, on ne peut méconnaître que cette quantité de 1,508 veaux saisis à l'état de morts-nés n'eût pas fourni, à l'état de veaux de deux et trois mois, moins de 105,000 kilogrammes de viande, soit, une moyenne de 13,000 kilogrammes de viande de plus par an.

Pour terminer cette 1re partie de la statistique que j'ai entreprise, je vais présenter un tableau des opérations effectuées sur les viandes provenant de l'extérieur, dites *viandes foraines*, c'est-à-dire non abattues à l'abattoir de Bordeaux.

État des quantités de viandes foraines saisies comme impropres à la consommation de 1876 à 1883.

1876	1877	1878	1879	1880	1881	1882	1883
k	k	k	k	k	k	k	k
3348 450	4165 700	3775 850	4619 010	9195 150	11114 150	7862 500	8080 500

Le total de toutes ces saisies représente le chiffre relativement considérable de 52,161 kilogrammes 310 ; soit une moyenne de 6,000 à 7,000 kilog. par an.

Ainsi que je l'ai déjà dit, il est fort difficile, vu l'absence des viscères, de préciser, médicalement parlant, la nature des maladies ayant entraîné la saisie des viandes foraines ; cependant, en tenant compte des résultats fournis par l'expérience, on peut dire que les principaux motifs sur lesquels s'appuie le retrait de ces viandes sont les suivants :

1° Pour les *bœufs* et *les vaches*.

Anémie — Hydroémie — Maigreur extrême.
Indigestion — Asphyxie — Mort accidentelle.
Fièvre de fatigue — Infiltration séreuse.
Avortement — Suites de mise bas —

Abcès métastatiques.
Tuberculose généralisée, pulmonaire ou ganglionnaire.
Tumeurs cancéreuses.
Leucocythose ganglionnaire.
État urémique, etc., etc.

2° Pour les *Veaux*.

Extrême jeunesse — Morts-nés — Maigreur extrême — État scrofuleux

Mort accidentelle — Asphyxie — Fatigue

3° Pour les *Moutons*.

Maigreur — Cachexie aqueuse — Accidents divers — Agneaux trop jeunes

4° *Pour les Porcs.*

Ladrerie — Apoplexie sanguine — Rouget — Mort accidentelle.

Les données qui précèdent ont naturellement pour conséquence de démontrer une fois de plus les services rendus à l'hygiène par une organisation régulière de l'inspection des viandes de boucherie et l'opportunité de créer un service semblable là où il n'existe pas, dans les petites comme dans les grandes villes, dans les centres populeux comme dans les communes les plus restreintes. C'est là un but que je poursuis avec ardeur, persuadé qu'en agissant de la sorte, je travaille à la fois à l'avantage de la santé publique et dans l'intérêt de mes confrères.

Dans un troisième et dernier article, je prouverai par des exemples les services que peut rendre l'organisation de l'inspection des viandes à l'autorité comme aux éleveurs, travail reposant encore sur des chiffres de la plus exacte vérité.

2° L'INSPECTION DES VIANDES ET LA PRODUCTION ANIMALE.

J'ai dit au début de ce travail que l'inspection des viandes avait aussi pour mission de s'intéresser à tout ce qui se rattache à la production et à l'amélioration du bétail de boucherie.

Or un des moyens de prouver comme quoi l'on s'intéresse à la production du bétail, c'est de mettre sous les yeux du producteur un relevé des frais et dépenses qui grèvent ce bétail depuis le moment où il part de l'étable jusqu'à celui où, dépecé, travaillé par le boucher, il va entrer dans la consommation ; c'est en un mot, de faire toucher du doigt au cultivateur, par des chiffres à l'appui, les différences existant entre le prix de la vente des animaux par celui qui les a élevés ou engraissés et la somme totale que donnent ces mêmes animaux par leur débit aux consommateurs. Nul doute que par ce moyen on arrive à éveiller l'attention des agriculteurs sur cette question qui touche vivement à leurs intérêts. Il demeure toujours entendu que pour traiter cette seconde partie de mon travail, je me place comme précédemment au point de vue du milieu régional dans lequel j'exerce mon ministère.

Pour peu que l'on ait quelques relations avec les cultivateurs, on entend à chaque instant répéter que les prix du bétail gras sont très bas et conséquemment non rémunérateurs. Et si l'on ajoute à cela que malheureusement la production du bétail demeure presque aujourd'hui la seule branche d'industrie à la portée de nos cultivateurs du Midi, on arrive à cette conclusion que l'agriculteur est de plus en plus éprouvé dans le rendement de ses revenus annuels.

Je ne voudrais pas être accusé de pessimisme ; mais l'appréciation que je viens de porter trouve sa confirmation dans le ralentissement que tout le monde constate au sein des grands centres commerciaux et industriels. On disait autrefois : *quand le bâtiment va, tout va.* Aujourd'hui on s'aperçoit que quand la culture ne donne pas de revenus dans la campagne, rien ne va à la ville.

Je n'ignore pas que, dans sa sollicitude pour l'agriculture, le gouvernement a proposé et obtenu des chambres qu'un droit fût établi à l'entrée du bétail en France, espérant par là limiter les quantités amenées et par cela même provoquer l'augmentation des prix du bétail indigène. Or, depuis plus d'un an que cette mesure est prise, les prix du bétail français ont été plutôt en diminuant qu'en augmentant.

C'est ainsi que les bons bœufs qui, au mois de janvier 1885, se vendaient jusqu'à 86 fr. et 87 fr. les 50 kil. poids mort, atteignaient à peine au mois de janvier dernier 1886, 83 fr. et 84 fr. la même quantité ; que les moutons qui, à la première époque énoncée, ont valu jusqu'à 95 fr. les 50 kil., se sont vendus au mois de janvier de cette année 85 fr.

Parlerai-je des porcs dont les prix sur le marché ne dépassent pas depuis deux ou trois ans 50 à 55 fr. les 50 kilog.

C'est donc bien à tort, à mon avis, que l'on cherche le soulagement aux souffrances de l'agriculture, en ce qui concerne au moins la production du bétail, dans l'institution et la surélévation continuelle des droits de douane perçus à l'entrée en France des animaux destinés à la consommation. Ce moyen n'a d'autre effet que d'ouvrir la porte à des revendications réciproques de la part de l'étranger soit sur le bétail lui-même, soit sur d'autres objets non moins utiles et cela, au détriment de la classe non moins intéressante des consommateurs.

Lorsqu'il s'agit d'élevage et d'engraissement, deux grands moyens doivent surtout être offerts au cultivateur pour l'aider à atteindre le mieux et le plus tôt possible les bénéfices sur lesquels il est en droit de compter. Le premier ressort de l'institution et de la multiplicité des concours de reproducteurs, de façon à fournir au cultivateur les éléments matériellement vrais pour atteindre ces qualités de jeunesse et de conformation qui, avec la nourriture et les soins, font le bon, le véritable animal de boucherie. Le second consiste à diminuer dans la plus grande proportion possible les frais intermédiaires qui couvrent le bétail depuis le jour où il quitte l'étable de son maître jusqu'au jour où il apparaît sur l'étal du boucher, frais énormes, ainsi que nous allons le voir, et dont ne profite nullement le cultivateur.

C'est en partant de ce dernier principe qu'il m'a paru utile de publier quelques chiffres appelés à répondre à plusieurs questions qui intéressent vivement la production du bétail en général.

La première de ces questions est celle-ci :

1° Que coûtent de frais sur le marché et à l'abattoir de Bordeaux un bœuf, un veau, un mouton et un porc?

Bœuf. — En prenant pour base d'appréciation un bœuf pesant 400 kilogrammes, poids mort, la somme des frais qui lui incombent sur le marché de Bordeaux varie de 50 à 55 francs. Ces frais se répartissent de la façon suivante :

1° Frais de transport jusqu'au marché, en moyenne...........	9 fr.	»
2° Commission perçue par le commissionnaire ou consignataire....	5	»
3° Octroi (5 fr. par 100 kilog du poids vif)..................	32	50
4° Abatage...	4	»
5° Plaçage au marché...................................	1	50
Total..............	52	»

A ces frais s'ajoutent les droits de séjour à l'étable du marché si l'animal n'est pas vendu le jour même de son arrivée, soit 2 fr. par jour et par bœuf; plus le droit de parcage à l'abattoir si l'animal y séjourne avant d'être abattu, soit 0 fr. 20 par jour.

Veau. — Pour un veau du poids de 70 kilog. viande nette, les frais sont les suivants :

1° Frais de transport jusqu'au marché, en moyenne.................... 3 fr. 50
2° Commission 1   50
3° Octroi.. 7   50
4° Abatage.. 1   »
5° Plaçage .... »   50

Total................. 14   »

A ces frais s'ajoutent, le cas échéant, 0 fr. 60 cent. par jour et par veau pour tout animal séjournant dans les étables du marché ; 0 fr. 05 centimes par jour pour droit de parcage à l'abattoir.

Mouton. — Un mouton rendant mort 22 kilog. 500 de viande aura les frais suivants :

1° Frais de transport jusqu'au marché, en moyenne.................. » fr. 70
2° Commission.. »   60
3° Octroi.. 2   25
4° Abatage .... »   50
6° Plaçage... »   30

Total................. 4   35

Les frais de séjour dans les étables du marché sont de 0 fr. 15 cent. par jour et par mouton.

Porc. — Un porc pesant vivant 140 kilog. et donnant environ 120 kil. de viande à l'abatage, aura les frais suivants :

1° Frais de transp. jusqu'au mar. 2 fr. 65 (lig. d'Orléans). 5 fr. 30 (l. du Midi).
2° Commission 2   »   —   2   »   —
3° Octroi........................ 9   80   —   9   80   —
4° Abatage 1   70   —   1   70   —
5° Plaçage....................... »   75   —   »   75   —

Total.......... 16   90   19   55   —

Les chiffres qui précèdent démontrent que les frais de transport des porcs varient suivant que ceux-ci ont voyagé sur la ligne d'Orléans ou sur la ligne du Midi ; sur la première ligne, ils sont de 50 centimes par wagon complet et par kilomètre ; sur la seconde, ils sont de 1 franc par wagon complet et par kilomètre. Pourquoi cette différence ?

(Le chiffre que j'ai donné est calculé sur un parcours de 160 kilomètres, ligne d'Orléans et pour une bande de 30 porcs.)

Les frais de séjour au marché se paient à raison de 1 franc par jour par porc du jour de l'arrivée de l'animal jusqu'au jour de vente, et de 0 fr. 70 cent. seulement par jour d'un marché à un autre.

Les droits de parcage à l'abattoir sont de 0 fr. 05 cent. par jour et par porc.

Aux frais que j'ai énoncés comme se rattachant à tous les animaux conduits sur le marché et à l'abattoir, il faut ajouter que, conformément à un arrêté municipal du 12 avril 1864, les bestiaux séjournant dans l'abattoir doivent y être nourris par le boucher à partir du lendemain du jour de leur entrée, et que, faute par ce boucher de se conformer à cette règle, l'Administration de l'abattoir pourvoit aux frais de nourriture au compte dudit industriel.

2° *Un agriculteur vend un bœuf, un veau, un mouton, un porc au marché de Bordeaux, qu'en retire-t-il d'argent ?*

En tenant compte de la somme des frais précédemment énoncés, il est certain que le propriétaire qui vend un bœuf appelé à figurer sur le marché de Bordeaux, devrait toucher le montant de la valeur de ce bœuf, moins le total de ses frais.

Ainsi régulièrement un bœuf qui est vendu sur le marché au cours de 90 francs les 50 kilog. poids mort (tel était le cours au mois de mai 1884, époque où je réunissais ces documents) devrait rapporter au propriétaire 720 francs moins 52 à 55 francs, soit environ 668 francs. Cependant il n'en est pas ainsi.

Ce bœuf n'est jamais payé au propriétaire plus de 81 à 82 francs les 50 kilogrammes, c'est-à-dire que sur un bœuf de 400 kilog., par exemple, la différence entre le prix perçu par le propriétaire et le prix vendu au boucher est de 64 à 72 francs. Le motif invoqué par les marchands pour expliquer cela est qu'avant d'arriver au marché et sur le marché lui-même, l'animal est l'objet de frais divers dont l'ensemble se monte à 8 à 9 francs par 50 kilogrammes.

Pour le veau et le mouton, la perte subie par le propriétaire est assurément moins sensible parce qu'il lui est plus facile de se rendre compte du poids réel de l'animal qu'il vend, et ensuite parce que, de nos jours, les éleveurs connaissent les *mercuriales* des marchés par l'intermédiaire des journaux et s'attachent dès lors à vendre leurs animaux à des prix se rapprochant le plus possible de ceux du marché de Bordeaux. Dans tous les cas, il est rationnel d'admettre qu'entre le prix de vente par le propriétaire et le prix d'achat par le boucher existe la différence représentée par la somme des frais que j'ai mentionnée précédemment.

Quant aux porcs, il est certain que depuis deux ans, leurs prix sur le marché de Bordeaux ont subi une baisse tellement sensible qu'il me paraît assez difficile de dire d'une façon certaine la différence pouvant exister entre le prix d'achat chez le propriétaire et le prix de vente au marché.

Il est permis de supposer, toutefois que, dans la circonstance, l'éleveur est bien plutôt en perte qu'en bénéfice si surtout on tient compte du chiffre des frais incombant à chaque porc conduit au marché.

Tenant donc compte des données qui précèdent, il me paraît possible de dresser le tableau suivant :

Animaux.	Poids mort,	Prix vendu au marché.	Prix vendu par le propriétaire	Différence.
Bœuf............	400 kil. »	720 fr. »	656 fr. »	44 fr. »
Veau...........	70 — »	147 »	133 »	14 »
Mouton.........	22 — 500	45 »	40 50	4 50
Porc...........	Poids vif : 140 kil.	145 60	128 60	17 »

3° Combien le boucher vend-il ces animaux et quelles sommes en retire-t-il?

Sans entrer ici dans des détails *d'exploitation* inutiles, je crois pouvoir établir les données suivantes :

Bœuf. — Prenant toujours pour base d'appréciation un bœuf du poids mort de 400 kilogrammes, et tenant compte de la valeur des différentes catégories de viande fournies par l'animal, j'estime que le boucher ayant acheté ce bœuf à raison de 90 francs les 50 kilogrammes soit 720 francs, retire de la vente de ce bœuf 754 fr. 70, c'est-à-dire réalise un bénéfice de 34 fr. 70. (1)

____

(1) J'insiste sur ce fait qu'à l'époque où les données servant de bases à ces appréciations ont été recueillies, les peaux et le suif n'avaient pas subi l'énorme dépréciation existant aujourd'hui.

Veau. — Prenant comme base d'appréciation un veau pesant mort 70 kilog. et acheté au prix de 2 fr. 10 le kilog., le boucher réalise un bénéfice de **13 fr. 25**.

Mouton. — La base d'appréciation étant un mouton du poids mort de 22 kil 500, et acheté par le boucher à raison de 2 francs le kilog. soit 45 francs, celui-ci retirant de la vente de ce mouton 50 fr. 70, a réalisé un bénéfice de **5 fr. 70**.

Il faut toutefois remarquer ici que le bénéfice fait par le boucher sur le mouton se trouve réduit de 2 francs environ par tête pendant la saison d'été attendu que, suivant les habitudes commerciales de Bordeaux, le boucher donne à ce moment deux peaux pour une, vu l'absence de laine : il est vrai qu'il achète aussi le mouton un peu moins cher que s'il était en laine, mais la différence du prix ne compense pas complètement la perte.

Avant de pousser plus loin cet exposé, je dois faire remarquer que les chiffres énonçant les bénéfices effectués par la boucherie sur la vente au détail des animaux, sont établis en partant de ce principe, que les différents morceaux d'un animal sont vendus *pour ce qu'ils sont réellement*, désirant par là flétrir toute opération ayant pour but de parer un morceau de viande en vue de le faire passer pour un autre et réaliser par cela même un bénéfice illicite.

Porc. — Un charcutier ayant acheté sur le marché un porc de 140 kilog. poids vif, *doit* réaliser un bénéfice qui ne saurait être moindre de **40** à **50** francs. Je dis : « *doit* réaliser » car il me paraît impossible, eu égard aux nombreuses préparations particulières que subit la viande de porc, de donner un chiffre exact des bénéfices effectués par ce genre d'industrie. Par contre, il est incontestable que les bénéfices du charcutier doivent subir une diminution par le fait des motifs de saisies relativement plus fréquents qu'offrent les animaux de cette espèce, saisies qui se chiffrent de suite par une perte pouvant varier en moyenne de cent à deux cents francs par porc.

Enfin lorsqu'on parle d'une manière générale des prix réalisés par la boucherie, il me paraît juste d'insister sur cette grande vérité que les sommes avancées comme constituant les bénéfices des industriels, bouchers, et charcutiers, ne représentent pas des *bénéfices nets*, car, ainsi que je l'ai prouvé dans un Mémoire publié en 1880 sur la « *cherté de la viande* », ces industriels ont vu leurs dépenses d'exploitation augmenter sensiblement depuis dix ans.

4° Que reste-t-il entre les mains des intermédiaires ?

Si l'on considère comme *intermédiaires* toutes les situations se traduisant par une somme de frais depuis le moment où l'animal est vendu par le propriétaire jusqu'à celui où l'achète le consommateur on arrive à trouver qu'à Bordeaux un bœuf laisse entre les mains des intermédiaires de 95 à 100 francs ; un veau de 25 à 28 francs, un mouton de 10 à 11 francs, et un porc de 60 à 70 francs.

Maintenant, quant à dire la part qui revient dans ces sommes aux *intermédiaires* proprement dits, marchands, commissionnaires et autres entremetteurs possibles, cela me paraît difficile parce qu'on ne peut savoir au juste dans quelles conditions se font les achats chez le paysan, de même que l'on ne peut connaître la situation financière dans laquelle se trouve le boucher vis-à-vis du commissionnaire, situation qui dans certains cas est telle que ce dernier remplit à la fois le double rôle de vendeur et de banquier.

Comme conclusion de la dernière partie de ce long Mémoire, il ressort, et c'est là ce que je tenais à démontrer, qu'entre les prix de vente des animaux de boucherie, perçus par *l'éleveur* et ceux provenant de la vente faite au *consommateur*, il y a des différences énormes dont le premier est loin de profiter ; j'ajoute même que le second n'en profite pas davantage, ces différences étant complètement absorbées, ainsi que je l'ai démontré, par des *frais intermédiaires* dont avant tout il y aurait lieu de se préoccuper dans l'intérêt de tout le monde.

Bordeaux, le 28 mai 1886.

69541. Paris. — Imp. Vᵉ Renou et Maulde, rue de Rivoli, 144.